As mais belas preces de
João Paulo II

JOÃO CARLOS ALMEIDA
(Organizador)

As mais belas preces de
João Paulo II

AGIR

Compilação, edição e organização: João Carlos Almeida

Editora Nova Fronteira Participações S.A.
Rua Nova Jerusalém, 345 – Bonsucesso – 21042-235
Rio de Janeiro – RJ – Brasil
Tel.: (21) 3882-8200 – Fax: (21) 3882-8212/8313

Texto revisto pelo novo Acordo Ortográfico

CIP-Brasil. Catalogação na fonte
Sindicato Nacional dos Editores de Livros, RJ.

M193 As mais belas preces de João Paulo II / João Carlos Almeida (organizador). - Rio de Janeiro : Agir, 2011.
144p. : il. ; 20 cm

ISBN 978-85-220-1285-5

1. João Paulo II, Papa, 1920-2005. 2. Oração - Cristianismo. 3. Oração - Igreja Católica. I. Almeida, João Carlos, 1964-.

CDD: 248.32
CDU: 27-534.3

Não tenhais medo de acolher Cristo
e de aceitar o Seu poder!
E ajudai o Papa e todos aqueles
que querem servir a Cristo e,
com o poder de Cristo,
servir a cada pessoa e à humanidade inteira!

Não, não tenhais medo!
Antes, procurai abrir,
melhor, escancarar as portas a Cristo!
Ao Seu poder salvador abri os confins dos Estados,
os sistemas econômicos, assim como os políticos,
os vastos campos de cultura,
de civilização e de progresso!

Não tenhais medo!
Cristo sabe bem "o que é que está dentro de cada pessoa".
Somente Ele o sabe!
Rezai por mim!
Ajudai-me, a fim de que eu possa vos servir!
Amém.

Joannes Paulus II

Primeira homilia do Papa
Vaticano, 22 de outubro de 1978.

Uma vida em prece e santidade

KAROL JÓZEF WOJTYŁA[1], que assumiu o nome de JOÃO PAULO II, foi eleito papa no dia 16 de outubro de 1978. Nasceu no dia 18 de maio de 1920 na cidade de Wadowice, que fica a 50 quilômetros de Cracóvia, na Polônia. Era o mais novo dos três filhos de Karol Wojtyła e Emília Kaczorowska. Quando Karol tinha apenas 21 anos, todos de sua família já haviam falecido.

Em 1938 inscreveu-se na Universidade Jagellónica de Cracóvia. Mas no ano seguinte as forças nazistas ocuparam a universidade e Karol foi trabalhar em uma mina química para ganhar o seu sustento e evitar a deportação para a Alemanha. Aí permaneceu até 1944, período em que sentiu forte chamado para o sacerdócio. Estudou em um curso clandestino de formação para sacerdotes em Cracóvia. Neste período exercitou a atividade de ator de teatro clandestino. Terminada a guerra, Karol continuou seus estudos no seminário e foi ordenado sacerdote no dia 1º de novembro de 1946.

Foi, então, designado para estudar em Roma, onde defendeu o doutorado em teologia em 1948. Voltou à Polônia para trabalhar na paróquia de Niegowić, perto de Cracóvia. Neste tempo, retomou seus estudos filosóficos e defendeu uma tese sobre a ética de Max Scheler. Por conta destas qualificações acadêmicas começou a dar aulas de teologia moral no Seminário Maior de Cracóvia.

No dia 4 de julho de 1958, foi nomeado bispo auxiliar de Cracóvia por Pio XII. Já em 1964 era nomeado arcebispo de Cracóvia, por Paulo VI. Em 1967 foi nomeado cardeal.

Karol Wojtyła também participou do Concílio Vaticano II (1962-1965). Sua maior contribuição se deu na elaboração da Constituição *Gaudium et Spes*, que trata do diálogo da Igreja com o mundo contemporâneo.

Foi eleito papa no dia 16 de outubro de 1978, na qualidade de 263º sucessor do apóstolo Pedro. Seu pontificado foi um dos mais longos da história, tendo durado quase 27 anos. Durante este período fez 104 viagens apostólicas. Na Itália fez 146 visitas pastorais e como bispo de Roma visitou 317 paróquias. Presidiu 1.166 Audiências Gerais de quarta-feira, alcançando quase 18 milhões de peregrinos. Teve 738 encontros oficiais com chefes de Estado e 246 audiências com primeiros-ministros.

Um dos destaques do seu empenho pastoral foi certamente o carinho dedicado à juventude. Iniciou em 1985 a Jornada Mundial da Juventude e esteve em 19 delas, reunindo milhões de jovens do mundo inteiro. Outro destaque foi o empenho pela família. Iniciou, a partir de 1994, o Encontro Mundial das Famílias.

Além disso, dialogou com os judeus e outras religiões, promovendo o conhecido Encontro de Oração pela Paz, em Assis. Conduziu com maestria a passagem para o terceiro milênio da era cristã, no ano 2000. Com isto, envolveu todos os segmentos da Igreja e da sociedade. Presidiu 147 cerimônias de beatificação, proclamando 1.338 novos beatos, e 51 canonizações, com 482 novos santos.

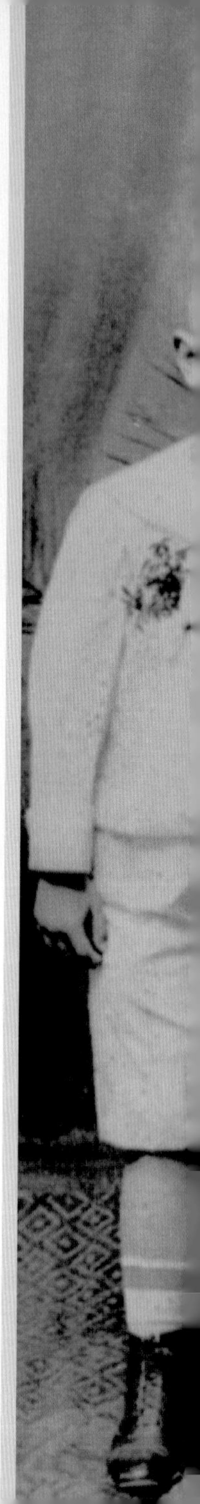

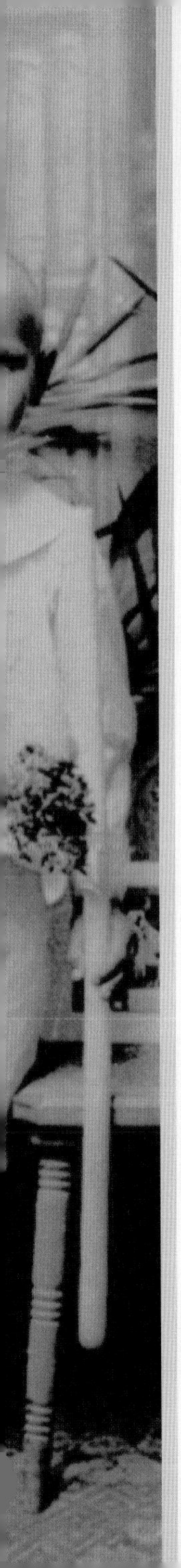

Os números do pontificado de João Paulo II realmente impressionam: criou 231 novos cardeais e presidiu 9 consistórios, além de 6 reuniões de todo o colégio cardinalício. Presidiu ainda 15 assembleias do Sínodo dos Bispos. Publicou 14 Encíclicas, 15 Exortações Apostólicas, 11 Constituições Apostólicas e 45 Cartas Apostólicas. Isto é quase nada perto das centenas de discursos, homilias, orações, mensagens etc.

Foi ele quem promulgou o novo Catecismo da Igreja Católica e reformou o Código de Direito Canônico. Promoveu uma verdadeira reforma da Cúria Romana. Em meio a toda esta atividade, encontrou tempo para escrever cinco livros.

João Paulo II faleceu no dia 2 de abril de 2005, às 21h37. Era um sábado, e a Igreja já celebrava as vésperas do Domingo da Misericórdia, festa que ele mesmo havia criado e promovido vivamente. Mais de três milhões de peregrinos estiveram em seu funeral.

A causa de sua beatificação foi oficialmente aberta no dia 28 de junho de 2005, graças à dispensa da espera de cinco anos após a morte, dada pelo papa Bento XVI. Passados todos os demais trâmites previstos no Direito da Igreja Católica, o atual papa presidiu a beatificação de João Paulo II no dia 1º de maio de 2011.

Nesta reportagem fotográfica procuramos coletar as mais importantes preces pronunciadas por João Paulo II. Fizemos a compilação, tradução e adaptação destes textos para que eles pudessem reviver nos lábios e na mente de todos os que conheceram e admiram a santidade deste papa. É uma espécie de "biografia da vida interior". Cada oração revela algo deste homem que a multidão aclamou:

Santo Subito!

João Carlos Almeida
Compilador e organizador

Oração pela humanidade

Demos graças a Deus
por tudo quanto contribui para que a humanidade,
nas diversas esperas da existência terrena,
se torne ainda mais "família",
isto é, mais irmãos e mais irmãs,
que têm em comum o único Pai.
Ao mesmo tempo,
peçamos perdão
por tudo o que é contrário à comum fraternidade,
por tudo o que destrói a unidade da família humana,
por tudo o que a ameaça e a ela se opõe.
Amém.

Oração pela paz

Mãe da Paz,
que sabeis o que significa
apertar nos braços o corpo morto do Filho,
d'Aquele a Quem destes a vida,
poupai a todas as mães desta terra
a morte dos seus filhos,
os tormentos, a escravidão,
a destruição da guerra, as perseguições,
os campos de concentração, as prisões!
Conservai-lhes a alegria do nascimento,
da sustentação, do desenvolvimento
da humanidade e da sua vida.
Em nome desta vida,
em nome do nascimento do Senhor,
implorai conosco pela paz e pela justiça no mundo.
Mãe da Paz,
em toda a beleza e majestade da vossa maternidade,
que a Igreja exalta e o mundo admira,
nós vos pedimos:
estejais conosco a cada momento.
Amém.

Oração pelas vocações

Senhor Jesus,
que chamastes aqueles que quisestes,
chamai muitos de nós para trabalhar para Vós,
para trabalhar Convosco.
Vós, que iluminastes com a Vossa palavra
aqueles que chamastes,
iluminai-nos com o dom da fé em Vós.
Vós, que os amparastes nas dificuldades,
ajudai-nos a vencer as nossas dificuldades.
E se chamais algum de nós,
para o consagrar totalmente a Vós,
que o Vosso amor anime essa vocação
desde o seu germinar
e a faça crescer e perseverar até o fim.
Amém!

A Nossa Senhora de Guadalupe

Ó Virgem de Guadalupe, Mãe das Américas,
Mãe do verdadeiro Deus e Mãe da Igreja!
Vós que manifestais
a vossa clemência e a vossa compaixão
por todos os que imploram o vosso amparo:
ouvi a oração que com filial confiança vos dirigimos
e apresentai-a ao vosso Filho Jesus,
único Redentor nosso.

Mãe de misericórdia,
Mestra do sacrifício escondido e silencioso,
a vós, que vindes ao encontro
de todos nós, pecadores,
consagramos, neste dia,
todo o nosso ser e todo o nosso amor.
Nós vos consagramos também a nossa vida,
os nossos trabalhos, as nossas alegrias,
as nossas doenças e os nossos sofrimentos.

Dai a paz, a justiça e a prosperidade aos nossos povos,
já que tudo o que nós temos e o que somos
deixamos ao vosso cuidado,
Mãe e Senhora nossa.
Amém.

Oração para pedir o Espírito Santo

Suplico a Maria,
celeste Mãe da Igreja,
se digne perseverar conosco,
que formamos a Igreja,
o Corpo Místico do seu Filho unigênito.
Espero que, graças a tal oração,
possamos receber o Espírito Santo
que desce sobre nós
e, deste modo,
tornar-nos testemunhas de Cristo
"até os confins da terra",
como aqueles que saíram
do Cenáculo de Jerusalém
no dia do Pentecostes.
Amém.

Oração pelos catequistas

"Mãe e discípula ao mesmo tempo"[8],
para vós, ser discípula
foi mais importante do que ser mãe.
Nós reconhecemos
que sois "um catecismo vivo".
Sois a mãe e o modelo dos catequistas.
Que a presença do Espírito Santo,
pela vossa intercessão,
possa dar à Igreja um impulso sem precedentes
na atividade catequética, que para ela é essencial!
Seremos, então, muito mais eficazes
no desempenho da missão
recebida de Nosso Senhor:
"Ide e ensinai todos os povos."
Amém.

HALT!
STÓJ!

Oração da misericórdia

Em nome de Jesus Cristo
crucificado e ressuscitado,
e no espírito da sua missão messiânica
que continua presente na história da humanidade,
elevemos as nossas vozes
e supliquemos que, nesta fase da história,
se manifeste uma vez mais
o amor que está no Pai
e que, por obra do Filho e do Espírito Santo,
tal amor manifeste no nosso mundo contemporâneo
a Sua presença, mais forte do que o mal, o pecado e a morte.
Pedimos isto por intercessão
daquela que não cessa de proclamar
"a misericórdia, de geração em geração",
e também pela intercessão daqueles
em quem já se realizaram até o fim
as palavras do Sermão da Montanha:
"Bem-aventurados os misericordiosos,
porque alcançarão misericórdia."[10]
Amém.

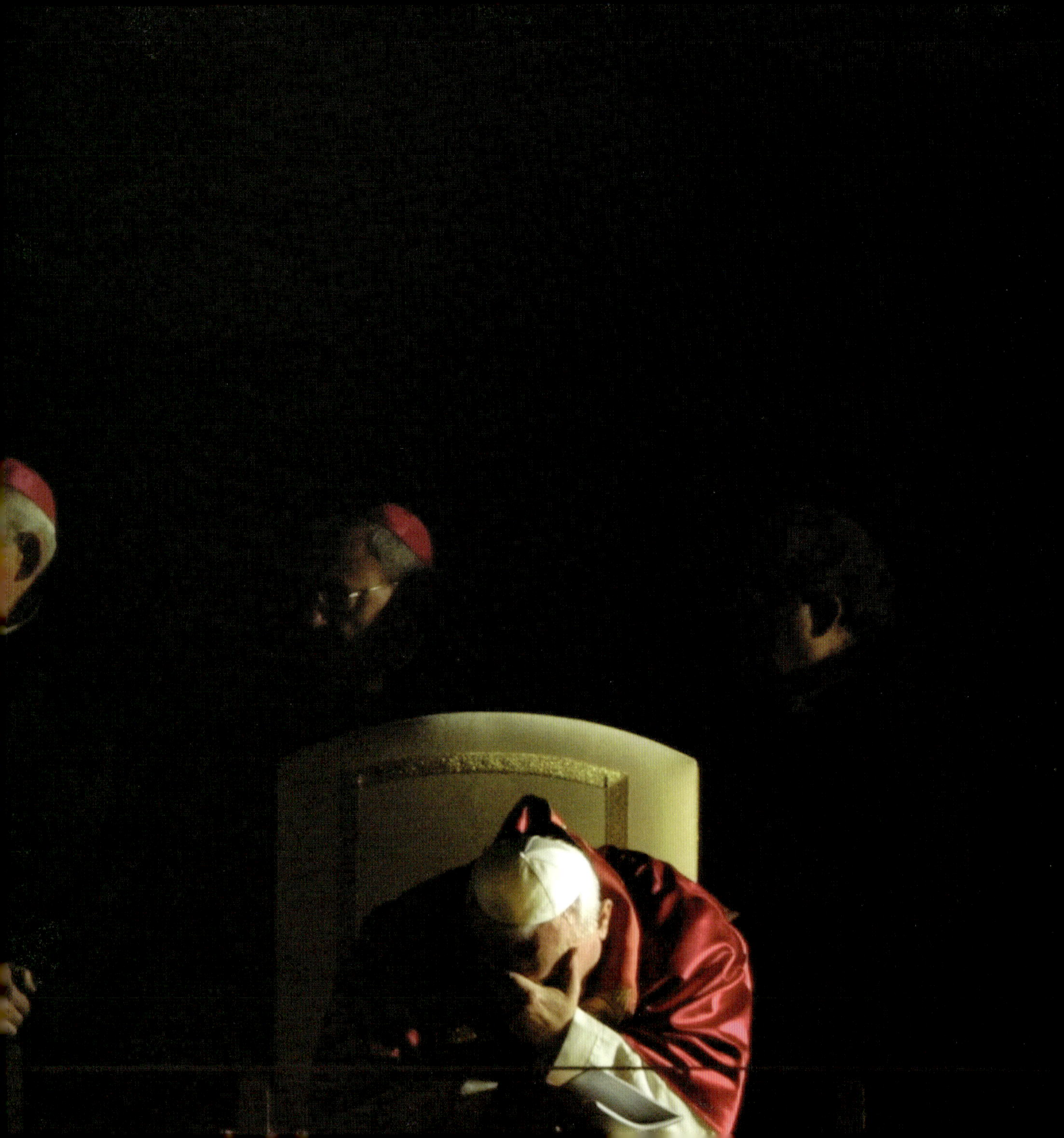

Oração pelos mortos na guerra

Ó Deus,
Vós que conheceis
todos os momentos da vida humana,
olhai a dor de tantos povos
pela morte de seus irmãos,
que a serviço de ideais de paz e liberdade
terminaram muito cedo sua existência terrena.
A Vós confiamos, Pai bondoso,
seus espíritos e sua memória,
para que sua juventude
volte a florescer ao Vosso lado
e para que nenhuma força
de ódio e de divisão
torne vão o seu sacrifício,
unido ao de Cristo, Vosso Filho.
Amém.

Oração no Cristo Redentor

Para confirmar uma amizade,
melhor, para afirmar uma fraternidade
– porque Deus cuida paternalmente de todos
e quer que as pessoas constituam
uma só família humana –,
convido a rezarmos juntos
a oração que Cristo Redentor nos ensinou.
Dirijo este convite a todos, onde quer que estejam:
na rua, no lar, no automóvel, no local de trabalho
ou de encontro, no hospital, no presídio...
Toda a cidade convido a rezar comigo:
Pai nosso...
E que este momento de encontro e de encantamento
perdure em nossos corações e em nossa memória,
e se torne fonte de paz e de graça para todos:
ricos e pobres, fracos e poderosos
e, de modo especial, os "mais pequeninos",
que sofrem no corpo ou na alma.
Com o valioso auxílio da Mãe de nossa confiança,
Nossa Senhora Aparecida.
Amém.

A Nossa Senhora Aparecida

Nossa Senhora Aparecida!
Quero abrir diante de vós, ó Mãe,
o coração deste povo,
no meio do qual quisestes morar
de um modo tão especial.
Desejo abrir diante de vós
o coração da Igreja e o coração do mundo
ao qual esta Igreja foi enviada pelo vosso Filho.
Desejo abrir-vos também o meu coração.
Nossa Senhora Aparecida!
Eu vos saúdo e vos digo
"Ave" neste santuário,
onde a Igreja no Brasil vos ama,
vos venera e vos invoca como Aparecida,
como revelada e dada particularmente a ela!
Como sua Mãe e Padroeira!
Quero confiar-vos, de modo particular,
este povo e esta Igreja,
todo este Brasil, grande e hospitaleiro,
todos os vossos filhos e filhas,
com os seus problemas e angústias.
Fazei que esta Igreja,
a exemplo de Cristo,
servindo constantemente a humanidade,
seja a defensora de todos,
em particular dos pobres e necessitados.
Amém.

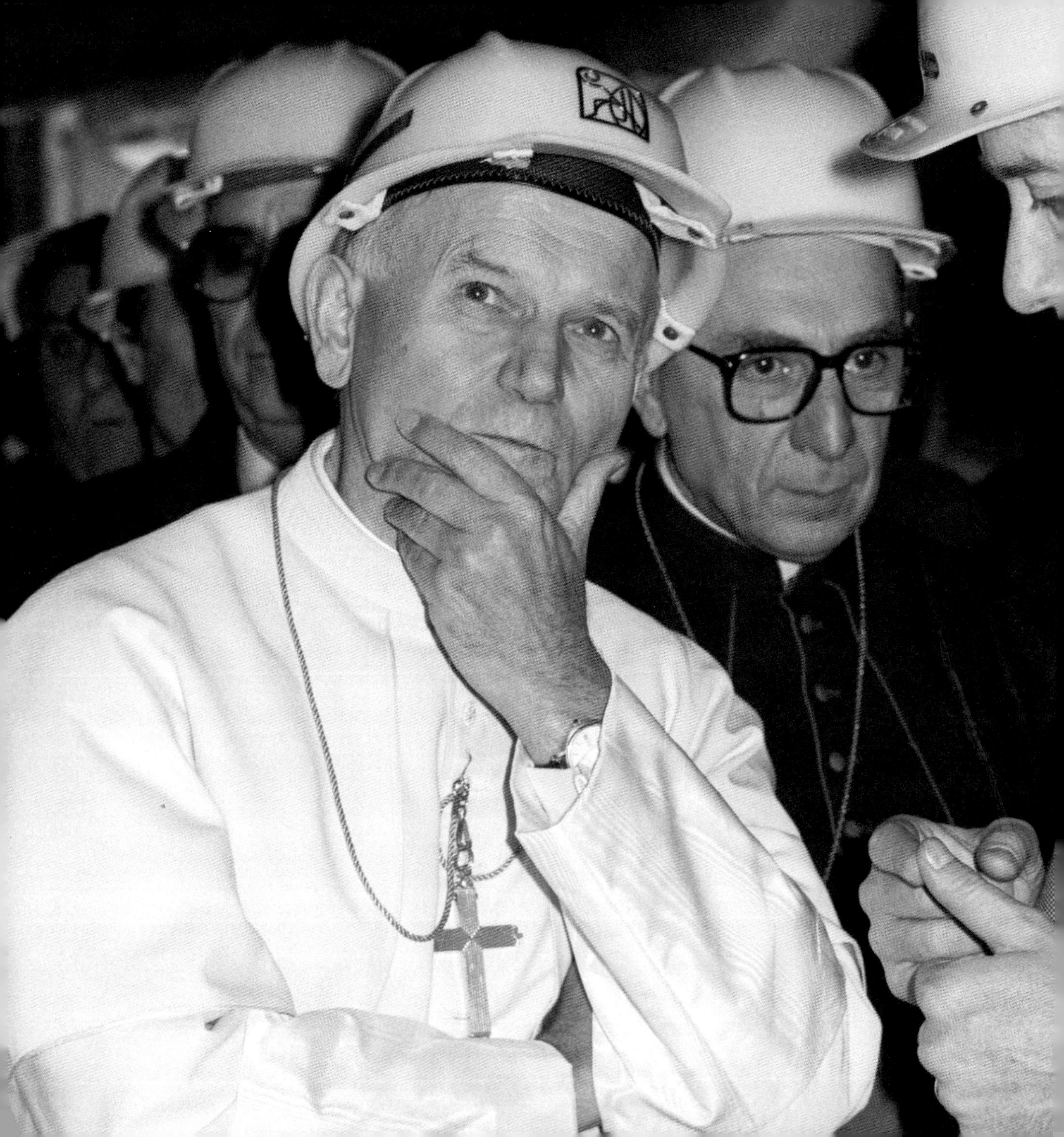

Oração do trabalhador

Senhor,
o suor e a fadiga do trabalho
permitem participar
da obra que viestes realizar.
Esta obra de salvação
foi realizada por meio do sofrimento
e da morte de cruz.
Suportando o que há de penoso no trabalho
em união Convosco, crucificado por nós,
queremos colaborar, de algum modo,
para a redenção da humanidade.
Seremos Vossos discípulos
levando também a cruz de cada dia
nas atividades que somos chamados a realizar.
Amém.

Oração à Sagrada Família

Que são José, "homem justo",
trabalhador incansável,
guarda íntegro dos penhores
que lhe foram confiados,
guarde, proteja e ilumine nossas famílias.

Que a Virgem Maria, Mãe da Igreja,
seja também a Mãe da "Igreja doméstica"
e, graças ao seu auxílio materno,
cada família cristã
possa tornar-se verdadeiramente uma "pequena Igreja",
na qual se manifeste e reviva
o mistério da Igreja de Cristo.
Seja ela, a serva do Senhor,
o exemplo de acolhimento
humilde e generoso da vontade de Deus;
seja ela, Mãe das dores aos pés da cruz,
a confortar e a enxugar as lágrimas dos que sofrem
pelas dificuldades das suas famílias.

E Cristo Senhor, Rei do Universo,
Rei das famílias, como em Caná,
esteja presente em cada lar cristão
a conceder-lhe luz e felicidade,
fortaleza e serenidade.
Amém.

Oração pela paz na terra

No centro da nossa oração pela paz na terra,
encontramos a Mãe.
Encontramos Maria,
que retinha e meditava no seu coração todas estas coisas
ligadas com o nascimento terreno de Deus.[17]
A Mãe:
vigilante testemunha do mistério da Encarnação;
a Mãe:
testemunha do nascimento de Deus num ser humano;
a Mãe:
testemunha da elevação do homem neste nascimento;
a Mãe:
testemunha de todos os sofrimentos
e das alegrias humanas,
das humanas esperanças e ameaças:
a Mãe da Paz!
Ela é sempre a Mãe:
Mãe de Deus e da humanidade.
Ela alimenta sempre a paz,
dom de Deus confiado a nós.
Amém.

A Nossa Senhora de Lourdes

Deus seja bendito!
Sim, seja bendito Deus Pai,
Filho e Espírito Santo,
por Lourdes, lugar de oração
onde a fé se fortalece,
os corpos e as almas são curados
e o sentido de Igreja é fortificado!
Deus seja bendito
porque quis realizar uma vez mais
tudo isto por meio da Virgem Maria,
que atrai as multidões,
como atraiu Bernadete,
para conduzi-las a Cristo!
Seja bendita, Nossa Senhora de Lourdes,
que nos obtém tantas graças!
Amém.

Oração pelos sofredores

Com Maria, a Mãe de Cristo,
que estava de pé junto à cruz,
nós nos detemos
juntos a todas as cruzes da humanidade.
Invocamos todos os santos,
que, no decorrer dos séculos,
foram de modo especial
participantes nos sofrimentos de Cristo.
Pedimos a sua proteção.
E pedimos ajuda a todos vós que sofreis.
Precisamente a vós, que sois fracos,
pedimos que vos torneis uma fonte de força
para a Igreja e para a humanidade.
Na terrível luta entre as forças do bem e do mal,
de que o nosso mundo contemporâneo
nos oferece o espetáculo,
que vença o vosso sofrimento
em união com a cruz de Cristo!
Amém.

Oração à Mãe de Deus

Maria – Mãe de Deus – "Theotokos":
professando a vossa maternidade divina,
desejamos chegar juntos convosco
à "plenitude dos tempos"
revelada no nascimento de Deus;
desejamos "conservar e meditar no coração"
todos os desígnios divinos de salvação,
continuando nosso caminho em direção ao futuro;
desejamos incutir no coração dos jovens
a mensagem da paz
que vem do desígnio de salvação.
"Deus misericordioso nos bendiga."
Amém.

Oração ao Espírito de Amor e Paz

A paz é fruto do amor:
a paz interior,
que o homem cansado procura no íntimo do seu ser;
a paz que a humanidade,
a família humana, os povos, as nações,
os continentes pedem
com trepidante esperança de obtê-la.
Uma vez que o caminho da paz passa,
afinal, pelo amor
e tende a criar uma civilização do amor,
a Igreja fixa o olhar n'Aquele que é
o Amor do Pai e do Filho
e, não obstante as ameaças crescentes,
não cessa de ter confiança,
não deixa de invocar
e de servir a paz na terra.
A sua confiança fundamenta-se n'Aquele que,
sendo o Espírito-Amor,
é também o Espírito da Paz,
e não cessa de estar presente no nosso mundo humano,
no horizonte das consciências e dos corações,
para "encher o Universo" de amor e de paz.
Diante d'Ele me ajoelho,
implorando que, como Espírito do Pai e do Filho,
nos conceda a todos a bênção e a graça,
que desejo transmitir, em nome da Santíssima Trindade,
aos filhos e filhas da Igreja e a toda a família humana.
Amém.

Oração por um novo coração

Por todos os lugares,
na sociedade,
em nossos bairros,
em nossos quarteirões,
em nossas fábricas,
em nossos escritórios,
em nossos encontros entre povos e raças,
o "coração de pedra",
o coração ressequido,
deve transformar-se em "coração de carne",
aberto aos irmãos,
aberto a Deus.
Esta é uma exigência da paz.
É necessário para que a humanidade sobreviva.
Mas ultrapassa as nossas forças.
É um dom de Deus,
um dom do Seu amor.
E nós temos a certeza do Seu amor!
Amém.

Oração pelo ano novo

Ó ano novo,
que começa hoje
para todos os cristãos
no poder do nome de Jesus:
seja o ano da salvação!

Ó ano novo,
que começa para toda a humanidade
no poder do nome de Jesus:
seja o ano da paz!

"O Senhor volte sobre nós a Sua face
e nos conceda a paz."[24]
Amém.

Solidarność
REG. PIŁA

Oração pela solidariedade

Maria Santíssima, nossa Mãe e Rainha,
sois aquela que, dirigindo-se a vosso Filho,
disseste: "Eles não têm mais vinho"[26];
sois também aquela que louva a Deus Pai,
porque "Derrubou os poderosos de seus tronos
e exaltou os humildes.
Encheu de bens os famintos
e aos ricos despediu-os de mãos vazias".[27]
A vossa solicitude materna se interessa
pelos aspectos pessoais e sociais
da vida das pessoas sobre a terra.
Diante da Santíssima Trindade,
entrego confiante a vós
o empenho em promover na solidariedade
o verdadeiro desenvolvimento dos povos.
"Que todos sejam mais irmãos,
para que sejam reconhecidos
os direitos de cada pessoa,
e a comunidade humana
conheça uma era de igualdade e de paz."
Amém.

Oração ao Filho do Eterno Pai

Ó Jesus Cristo!
Filho do Eterno Pai,
Filho de uma mulher,
Filho de Maria,
não nos deixeis à mercê
de nossas fraquezas,
de nossa soberba!
Ó Plenitude encarnada!
Que Vós estejais presente
na vida de toda pessoa humana,
em cada fase de seu tempo terreno!
Vós sois o nosso pastor!
Vós sois a nossa paz!
Amém!

Oração pelos fiéis leigos

Ó Virgem Santíssima,
Mãe de Cristo e Mãe da Igreja!
Convosco damos graças a Deus,
pela maravilhosa vocação
e pela multiforme missão dos fiéis leigos.
Deus chamou a cada um pelo nome
para viverem em comunhão de amor
e de santidade com Ele.
Convidou a estar fraternamente unidos
na grande família dos filhos de Deus.
Enviou a irradiar a luz de Cristo
e a comunicar o fogo do Espírito,
em todo o mundo,
por meio da sua vida evangélica.
Virgem corajosa,
inspirai-nos força de ânimo
e confiança em Deus,
para que saibamos vencer
todos os obstáculos que encontrarmos
no cumprimento da nossa missão
e possamos contribuir para a implantação
da civilização da verdade e do amor sobre a terra,
segundo o desejo de Deus
e para a Sua glória.
Amém.

Oração a são José

Ó são José, homem justo,
que trazíeis em vós
o patrimônio da Antiga Aliança,
e estivestes no "princípio"
da nova e eterna Aliança em Jesus Cristo,
indicai-nos os caminhos
desta Aliança salvífica,
que prolonga na história
a "plenitude dos tempos",
própria do mistério inefável
da Encarnação do Verbo.
Obtende para a Igreja e para o mundo,
assim como para cada um de nós,
a bênção do Pai e do Filho
e do Espírito Santo.
Amém.

USCITA
EXIT
CASERTA
APERTO
OPEN
SCIVOLO GONFIABILE
ESCAPE SLIDE
Alitalia

Oração pelos missionários

Confio à intercessão de Maria,
toda ela orientada para Cristo
e disponível para a revelação
do Seu poder salvífico,
a Igreja e, em particular,
aqueles que se empenham na atuação
do mandato missionário
no mundo de hoje.
Como Cristo enviou os Seus apóstolos
em nome do Pai, do Filho
e do Espírito Santo,
também renovando o mesmo mandato,
estendo a todos vós a bênção apostólica
em nome da mesma Trindade Santíssima.
Amém.

Oração pelo terceiro milênio

Agradeço a Deus onipotente
por ter dado à Sua Igreja
a luz e a força para acompanhar a humanidade
no seu caminho terreno para o destino eterno.
A Igreja, também no terceiro milênio,
permanecerá fiel no assumir como próprio
o caminho humano,
sabendo que não caminha só,
mas com Cristo, seu Senhor.
Foi Ele que fez Seu o caminho humano,
e nos guia mesmo quando não percebemos.
Maria, a Mãe do Redentor,
que permaneceu ao lado de Cristo
no Seu caminho ao encontro da humanidade
e com a humanidade,
e precede a Igreja na peregrinação da fé,
acompanhe, com sua maternal intercessão,
a humanidade no terceiro milênio
na fidelidade Àquele que "ontem, como hoje,
é o mesmo e para sempre será"[33],
Jesus Cristo, Nosso Senhor,
em nome do Qual a todos abençoo.
Amém.

A Nossa Senhora de Fátima

Mãe de Cristo e Mãe da Igreja,
mais uma vez nos dirigimos a vós,
ajoelhados a vossos pés na Cova da Iria,
para agradecer por tudo quanto fizestes
nestes anos difíceis
pela Igreja, por cada um de nós
e pela humanidade inteira.
Mãe das nações, pelas mudanças inesperadas
que restituíram a confiança aos povos
longamente oprimidos e humilhados;
Mãe da vida, pelos múltiplos sinais
com que nos acompanhastes,
defendendo-nos do mal e do poder da morte,
minha terna Mãe de sempre,
mas de modo particular
naquele 13 de maio de 1981,
em que senti junto a mim
a vossa presença salvadora;
Mãe de todo aquele que luta pela vida, que não morre;
Mãe da humanidade resgatada pelo Sangue de Cristo;
Mãe do amor perfeito, da esperança e da paz,
Santa Mãe do Redentor,
continuai a mostrar que sois Mãe para todos,
velai pelo nosso caminho,
fazei com que vejamos, cheios de alegria,
o vosso Filho no Céu.
Amém!

A Nossa Senhora da Penha

Maria, Virgem da Penha,
Mãe do Autor da vida, Jesus Cristo,
nós cremos que estais no Céu, junto de Deus Trino,
intercedendo em favor da humanidade,
pois fostes ouvinte fiel da Sua Palavra
e vos tornastes serva do Senhor na fé.
Hoje, Maria,
voltam-se para vós os olhos dos irmãos de Cristo, vosso Filho,
presentes em todo o Brasil.
Sabemos que rogais por esses vossos filhos,
provados por tantos sofrimentos.
Sabemos que lembrais o Senhor das nossas crianças,
dos jovens, dos velhinhos, de todas as famílias e comunidades,
dos que trabalham pelos direitos humanos e pela vida:
os nossos governantes e os construtores da sociedade.
Sabemos que lembrais o Senhor,
sobretudo, dos pobres e doentes,
dos que sentem o peso do pecado, dos afastados de Deus.
Por isso, ó Virgem da Penha,
diante da vossa bela imagem,
viemos reafirmar nossa devoção e amor,
consagrar nossas vidas,
confiar a vós a nova evangelização
que desejamos realizar com renovado ardor missionário,
semeando luz e esperança nas diferentes culturas,
para a glória do Pai e do Filho,
na unidade do Espírito Santo.
Amém.

Oração pelos irmãos judeus

Faço votos e elevo minhas preces ao Senhor Altíssimo
pela paz em todo o mundo, e, em especial,
naquela Terra Santa onde, a cada momento,
esta palavra é repetida como saudação de amigos.
Que nossos irmãos judeus,
que foram "reconduzidos de outros povos
e reunidos de outros lugares,
e levados à sua terra"[37],
à terra de seus pais,
possam ali viver em paz e segurança,
sobre "os montes de Israel",
guardados pela proteção de Deus,
seu verdadeiro Pastor.
Shalom!

Oração pelo dom da unidade

Deus nos conceda perseverar
de tal modo unânimes na oração[39],
na caridade e na procura da verdade,
que sejamos dignos de alcançar,
como uma nova efusão do Espírito,
o dom precioso da unidade.
Assim poderá tornar-se realidade
o que Jesus, na noite da Ceia, pediu ao Pai:
"que sejam perfeitos na unidade,
e o mundo reconheça que me enviaste e os amaste,
como amaste a mim"[40].
Amém.

Oração pelos sacerdotes

Mãe de Jesus Cristo e Mãe dos sacerdotes,
recebei a homenagem
que vos tributamos
para celebrar a vossa maternidade
e contemplar junto de vós o sacerdócio
do vosso Filho e dos vossos filhos,
ó Santa Mãe de Deus.

Mãe de Jesus Cristo e Mãe dos sacerdotes,
que ao Messias Sacerdote destes o corpo de carne
para a unção do Espírito Santo,
para a salvação dos pobres e contritos de coração,
guardai os sacerdotes
no vosso coração e na Igreja.

Mãe de Jesus Cristo e Mãe dos sacerdotes,
que estivestes com vosso Filho
desde o início de Sua vida e de Sua missão,
O procurastes entre a multidão,
O assististes ao ser "levantado da terra",
consumado para o sacrifício único eterno,
e tivestes perto João, vosso filho,
acolhei os chamados desde o princípio,
protegei o seu crescimento,
acompanhai na vida e no ministério
os vossos filhos, ó Mãe dos sacerdotes.
Amém!

Para andar no caminho do bem

Ó Maria, Mãe de misericórdia,
velai por todos
para não se desvirtuar a cruz de Cristo,
para que ninguém se extravie
do caminho do bem,
nem perca a consciência do pecado,
mas cresça na esperança
em Deus "rico de misericórdia", [43]
cumpra livremente as boas obras
por Ele de antemão preparadas[44]
e toda a sua vida seja assim
"para louvor da Sua glória".[45]
Amém.

Oração pelas crianças

Louvai o nome do Senhor!
Na noite de Belém,
as crianças dos diversos continentes olham com fé
para o Menino recém-nascido
e vivem a grande alegria do Natal.
Cantando em suas línguas, louvam o nome do Senhor.
Assim se estendem por toda a terra
as sugestivas melodias do Natal.
São palavras ternas, comoventes,
que ressoam em todas as línguas humanas;
é como um canto de festa que se eleva de toda a terra
e se une ao canto dos anjos,
mensageiros da glória de Deus, sobre a gruta de Belém:
"Glória a Deus nas alturas
e paz na terra às pessoas do seu agrado."[47]
O Filho predileto de Deus
apresenta-Se entre nós como um recém-nascido;
ao redor d'Ele, as crianças de todas as nações da terra
sentem sobre si o olhar repleto de amor do Pai celeste
e alegram-se porque Deus as ama.
A humanidade não pode viver sem amor.
Ela é chamada a amar a Deus e ao próximo,
mas para amar verdadeiramente
deve ter a certeza de que Deus lhe quer bem.
Levantai a Vossa mãozinha, Deus-Menino,
e abençoai estes Vossos amiguinhos,
abençoai as crianças de toda a terra!
Amém.

Oração pela unidade dos cristãos

Ó Santo Espírito,
dai-nos a graça de reforçar nossa unidade
e de fazê-la crescer
até a plena comunhão com os outros cristãos.
Nossa prece inclui aquela inquietação
que é o desejo pela unidade.
Rezar unidos é uma das formas necessárias
do amor que nutrimos por Cristo
e pelo Pai, rico em misericórdia.
Ó Santo Espírito,
afastai de nós os espectros do passado
e as recordações dolorosas da separação;
concedei-nos lucidez, força e coragem
para empreender os passos necessários,
de modo que o nosso empenho
seja cada vez mais autêntico.
E se nos vier a vontade de perguntar
se tudo isto é possível,
lembrai-nos que a resposta será sempre: sim!
A mesma resposta ouvida por Maria de Nazaré,
porque a Deus nada é impossível.
Amém.

Oração pela África

Ó Maria,
Mãe de Deus e Mãe da Igreja,
graças a vós, no dia da Anunciação,
ao alvorecer dos novos tempos,
todo o gênero humano com as suas culturas
se alegrou por se saber capaz do Evangelho.
Rezamos pela Igreja no continente africano.
Juntamente convosco
pedimos a efusão do Espírito Santo.
Que Ele faça das culturas africanas
lugares de comunhão na diversidade,
transformando os habitantes
deste grande continente
em filhos generosos da Igreja,
que é família do Pai,
fraternidade do Filho,
imagem da Trindade,
germe e início na terra
daquele Reino eterno
que terá a sua plenitude
na cidade que tem Deus como construtor:
cidade de justiça, de amor e de paz.
Amém.

Oração pela causa da vida

Ó Maria,
aurora do mundo novo,
Mãe dos viventes,
vos confiamos a causa da vida.
Olhai, Mãe,
para o número sem fim
de crianças impedidas de nascer,
de pobres para quem se torna difícil viver,
de homens e mulheres
vítimas de violência,
de idosos e doentes assassinados.
Fazei com que todos aqueles que creem no vosso Filho
saibam anunciar com desassombro e amor
o Evangelho da vida.
Alcançai-nos a graça de O acolher
como um dom sempre novo,
a alegria de O celebrar com gratidão
em toda a Sua existência,
e a coragem para O testemunhar
com laboriosa tenacidade,
para construir,
juntamente com todas as pessoas de boa vontade,
a civilização da verdade e do amor,
para louvor e glória de Deus Criador
e amante da vida.
Amém.

Oração pela vida consagrada

Santíssima Trindade,
beata e beatificante,
tornai felizes os Vossos filhos e filhas
que chamastes para confessarem
a grandeza do Vosso amor,
da Vossa bondade misericordiosa e da Vossa beleza.
Pai Santo, santificai os filhos e filhas
que se consagraram a Vós,
para a glória do Vosso nome.
Jesus Salvador, Verbo Encarnado,
tendo entregue a Vossa forma de vida
àqueles que chamastes,
continuai a atrair para Vós pessoas que sejam,
para a humanidade do nosso tempo,
depositárias de misericórdia,
prenúncio do Vosso regresso,
sinal vivo dos bens da ressurreição futura.
Que nenhuma tribulação
os separe de Vós e do Vosso amor!
Espírito Santo, Amor derramado nos corações,
que concedeis graça e inspiração à mente,
Fonte perene de vida, que levais a cabo
a missão de Cristo
com os numerosos carismas,
nós Vos pedimos por todas as pessoas consagradas.
Enchei os seus corações com a certeza íntima
de terem sido escolhidas
para amar, louvar e servir.
Amém.

Oração de bênção pelo ano novo

"Que o Senhor te abençoe e te proteja.
Que o Senhor faça resplandecer a Sua face sobre ti
e te seja benevolente.
Que o Senhor dirija o Seu olhar sobre ti
e te conceda a paz!"[53]
Além disso, repitamos com fé e esperança
as palavras do apóstolo:
Cristo é a nossa paz![54]
Tenhamos confiança na ajuda do Senhor
e na materna proteção de Maria, Rainha da paz.
Apoiemos esta nossa esperança em Jesus,
nome de salvação dado aos povos
de todas as línguas e raças.
Confessando o Seu nome,
caminhemos confiantes rumo ao futuro.
Certos de que não ficaremos desiludidos,
se confiarmos no santíssimo nome de Jesus.
Amém!

Oração pelos jovens

Espírito de Deus,
tornai-nos disponíveis à Vossa visita,
fazei crescer em nós a fé na Palavra que salva.
Sede a fonte viva da esperança
que germina nas nossas vidas.
Sede em nós o sopro de amor que nos transforma
e o fogo de caridade que nos impele
a nos entregarmos a nós mesmos,
por meio do serviço aos nossos irmãos.
Mostrai-nos a riqueza da Palavra de Cristo.
Afirmai em nós a vida interior;
fazei com que passemos do temor à confiança,
a fim de que brote em nós o louvor da Vossa glória.
Sede a luz que vem preencher o coração dos jovens
e dar-lhes a coragem de Vos buscar com perseverança.
Ensinai-nos a Verdade completa,
a fim de proclamarmos com determinação
o mistério de Deus vivo que age na nossa vida.
Esclarecei o derradeiro sentido desta história.
Afastai de nós as infidelidades que nos separam de Vós,
libertai-nos do ressentimento e da divisão;
fazei crescer em nós
um espírito de fraternidade e de unidade,
a fim de sabermos edificar a civilização do amor
na paz e na solidariedade que nos vêm de Deus.
Ensinai-nos a amar uns aos outros
como o Pai nos amou, dando-nos o Seu Filho[56].
Amém.

Ação de graças pelas vocações

Espírito de Amor eterno,
que procedeis do Pai e do Filho,
nós Vos agradecemos por todas as vocações
de apóstolos e de santos que fecundaram a Igreja.
Nós Vos suplicamos: continuai essa obra!
Recordai-Vos de quando, no dia de Pentecostes,
descestes sobre os apóstolos reunidos em oração
com Maria, a Mãe de Jesus,
e olhai para a Vossa Igreja que hoje
tem uma necessidade especial de sacerdotes santos,
de testemunhas fiéis e legítimas da Vossa graça;
ela precisa de consagrados e consagradas
que revelem a alegria de quem vive só para o Pai,
de quem faz sua a missão e a oferta de Cristo,
de quem, com a caridade, constrói o mundo novo.
Espírito Santo, Fonte perene de alegria e de paz,
sois Vós que abris ao divino chamado
o coração e a mente;
sois Vós que tornais eficaz todo impulso
para o bem, a verdade, a caridade.
Abri os corações e as mentes dos jovens e das jovens,
para que uma nova primavera de santas vocações
revele a fidelidade do Vosso amor
e todos possam conhecer Cristo,
luz verdadeira vinda a este mundo
para oferecer a cada ser humano
a firme esperança da vida eterna.
Amém.

Maria, esperança dos cristãos

Maria Santíssima,
sois a esperança dos cristãos,
que nos dá força e segurança
para o nosso caminho na terra.
Por isso, vos pedimos:
sede vós mesma nosso caminho,
porque vós, ó Mãe Bendita,
conheceis as vias e os atalhos que,
por meio da vossa ternura,
levam ao amor e à glória de Deus.
Amém.

Oração pelas famílias

Deus Onipotente,
pedimos pelas famílias,
para que, unidas no amor de Cristo,
sejam realmente a esperança da humanidade!
Pedimos pelos filhos,
para que cresçam como Jesus no lar de Nazaré.
No seio das mães,
dorme a semente da nova humanidade.
No rosto das crianças,
brilha o futuro, o porvir que está nas mãos de Deus.
Pedimos pelos jovens,
para que se empenhem, com grande entusiasmo,
a preparar sua família de amanhã,
educando-se a si mesmos para o amor verdadeiro,
que é abertura ao outro,
capacidade de escuta e de resposta,
compromisso de doação generosa,
inclusive a custo de sacrifício pessoal,
e disponibilidade à compreensão recíproca e ao perdão.
Que as famílias do mundo inteiro
sejam testemunhas vivas de Cristo,
que é "o caminho, a verdade e a vida"![60]
Que a graça e a paz da parte de Deus, nosso Pai,
e da parte do Senhor Jesus Cristo estejam convosco![61]
Maria, Rainha da Família,
Sede da Sabedoria, Serva do Senhor,
rogai por nós.
Amém.

Oração à Sede da Sabedoria

Que a Sede da Sabedoria
seja o porto seguro
para todos quantos consagram a sua vida
à procura da sabedoria!
O caminho para a sabedoria,
fim último e autêntico
de todo o verdadeiro saber,
possa ver-se livre de qualquer obstáculo
por intercessão daquela que,
depois de gerar a Verdade
e tê-La conservado no seu coração,
comunicou-A para sempre
à humanidade inteira.
Amém.

Oração pelas Américas

Senhor Jesus, nós Vos agradecemos
porque o Evangelho do amor do Pai,
com o qual viestes salvar o mundo,
foi amplamente proclamado nas Américas
como dom do Espírito Santo,
que faz florescer a nossa alegria.
Nós Vos damos graças pelo dom da Vossa vida,
que nos oferecestes, amando-nos até o fim:
ela nos torna filhos de Deus
e irmãos uns dos outros.
Aumentai, Senhor, a nossa fé e o amor por Vós,
que estais presente em tantos sacrários do continente.
Concedei que sejamos fiéis testemunhas
da Vossa ressurreição
aos olhos das novas gerações das Américas,
para que, conhecendo-Vos, Vos sigam
e encontrem em Vós a sua paz e a sua alegria.
Só assim poderão sentir-se irmãos
de todos os filhos de Deus dispersos pelo mundo.
Fazei que a Vossa Igreja floresça neste continente
e multiplique os seus frutos de santidade.
Ensinai-nos a amar a Vossa Mãe, Maria,
como a amastes Vós.
Nossa Senhora de Guadalupe,
Mãe das Américas,
rogai por nós!
Amém.

Oração pela Ásia

Ó Santa Maria, filha do Deus Altíssimo,
Virgem Mãe do Salvador e Mãe de todos nós,
olhai com bondade para a Igreja do vosso Filho
plantada em solo asiático.
Sede o seu guia e modelo, enquanto ela prossegue
a missão de amor e serviço
do vosso Filho na Ásia.
Vós aceitastes plena e livremente
o chamado do Pai
para serdes a Mãe de Deus:
ensinai-nos a arrancar de nossos corações
tudo o que não for de Deus,
para que possamos também ficar
cheios do Espírito Santo, que vem do Alto.
Pedi que, por meio do amor e do serviço da Igreja,
todos os povos asiáticos
cheguem a conhecer o vosso Filho
Jesus Cristo, o único Salvador do mundo,
e experimentem assim a alegria da vida
em toda a sua plenitude.
Ó Virgem Maria, Mãe da nova Criação
e Mãe da Ásia,
rogai por nós,
vossos filhos, agora e sempre!
Amém.

Oração dos idosos

Ó Senhor da vida,
fazei-nos tomar plena consciência
e saborear como um dom,
rico de futuras promessas,
cada período da nossa vida.
Fazei que acolhamos com amor a Vossa vontade,
pondo-nos cada dia
nas Vossas mãos misericordiosas.
E quando chegar o momento da "passagem" definitiva,
concedei-nos enfrentá-lo com espírito sereno,
sem qualquer nostalgia daquilo que teremos que deixar.
Ao encontrar-Vos, depois de longa procura,
reencontraremos todo o valor autêntico
experimentado neste mundo
juntamente com todos os que nos precederam
no sinal da fé e da esperança.
E vós, Maria, Mãe da humanidade peregrina,
rogai por nós "agora e na hora da nossa morte".
Conservai-nos sempre unidos a Jesus,
vosso amado Filho e nosso irmão,
Senhor da vida e da glória.
Amém.

Prece para dizer "sim"

Virgem Maria, humilde filha do Altíssimo,
em vós se cumpriu de modo admirável
o mistério do divino chamado.
Vós sois a figura daquilo que Deus realiza
em quem confia n'Ele;
em vós a liberdade do Criador
exaltou a criatura humana.
Aquele que nasceu do vosso seio
uniu, num único valor, a liberdade salvífica de Deus
e a adesão obediente do homem.
Graças a vós, o chamado de Deus
se solda definitivamente com a resposta do homem-Deus.
Vós, primícias de uma vida nova,
guardais, por todos nós,
o "Sim" generoso da alegria e do amor.
Santa Maria, Mãe de todo chamado,
fazei com que os fiéis tenham a força
de responder com generosa coragem ao apelo divino
e sejam alegres testemunhas
do amor a Deus e ao próximo.
Jovem filha de Sião, Estrela da Manhã
que guiais os passos da humanidade
na direção do futuro,
orientai a juventude
para Aquele que é
"a verdadeira luz que ilumina toda pessoa humana".[67]
Amém!

Prece no Muro de Jerusalém

Deus dos nossos pais,
Vós escolhestes Abraão e a sua descendência
para levar o Vosso nome aos gentios:
sentimo-nos profundamente consternados
pelo comportamento de quantos,
no decurso da história,
fizeram sofrer estes Vossos filhos
e, pedindo Vosso perdão,
queremos empenhar-nos
numa fraternidade autêntica
com o povo da Aliança.
Amém.

Oração pelos encarcerados

Invoco as bênçãos do Senhor
sobre aqueles que têm a responsabilidade
de administrar a justiça na sociedade,
bem como sobre aqueles
que incorreram nos rigores da lei.
Possa Deus iluminar generosamente a cada um
e cumular a todos com seus favores celestes.
Aos reclusos e às reclusas de todo o mundo,
asseguro a minha proximidade espiritual,
estreitando todos a mim num abraço ideal
como irmãos e irmãs em humanidade.
Amém.

Oração do silêncio

Ensinai-nos, ó Maria,
a reconsiderar a nossa existência
sempre com espírito de fé.
Ensinai-nos a saber salvaguardar
espaços de silêncio e de contemplação
na frenética vida cotidiana.
Que nos orientemos sempre
para as exigências da paz genuína,
dom da natividade de Cristo.
"À vossa proteção nos acolhemos,
Santa Mãe de Deus:
não desprezeis as nossas súplicas
em nossas necessidades,
mas livrai-nos de todos os perigos,
ó Virgem gloriosa e bendita!"[71]
Virgem Mãe de Deus,
intercedei por nós junto do vosso Filho,
para que o Seu rosto
resplandeça em nosso caminho
e cada pessoa possa viver na justiça e na paz.
Amém!

Oração pela Oceania

Ó Estrela do Mar,
luz do oceano e Senhora dos abismos,
guiai os povos da Oceania
através de todo o mar tenebroso e revolto,
para que possam chegar ao porto da paz e da luz
preparado n'Aquele que acalmou as águas.
Protegei os vossos filhos de todo o mal,
porque as ondas são altas e estamos longe de casa.
À medida que nos aventuramos
pelos oceanos do mundo
e atravessamos os desertos do nosso tempo,
mostrai-nos, ó Maria, o fruto do vosso ventre,
porque sem o vosso Filho estamos perdidos.
Pedi que nunca desfaleçamos na viagem da vida,
que, com o coração e a mente, por palavras e obras,
nos dias de tempestade e nos de bonança,
sempre possamos olhar para Cristo e dizer:
"Quem é Este, a quem até o vento e o mar obedecem?"
Nossa Senhora da Paz,
em quem toda a tempestade se acalma,
pedi que a Igreja na Oceania
não cesse de mostrar a todos
o rosto glorioso do vosso Filho,
cheio de graça e verdade,
para que Deus reine
nos corações dos povos do Pacífico
e encontrem paz no Salvador do mundo.
Amém.

Oração pela paz na Terra Santa

"Bem-aventurados os pacificadores,
porque serão chamados filhos de Deus."[74]
A partir deste lugar, tão desfigurado pela guerra,
desejo elevar o meu coração e a minha voz
em oração pela paz na Terra Santa e no mundo inteiro.
A paz genuína é uma dádiva de Deus.
A nossa abertura a este dom
exige a conversão do coração
e uma consciência obediente à Sua Lei.
Ajudai-os a derrubar os muros
da hostilidade e da divisão
e a edificar juntos um mundo
de justiça e de solidariedade.
Pai misericordioso,
que todos os crentes encontrem
a coragem de se perdoar uns aos outros,
de tal forma que as feridas
do passado possam ser curadas
e não constituam um pretexto
para ulteriores sofrimentos no presente.
Que isto se verifique, sobretudo na Terra Santa,
nesta Terra que Vós abençoastes
com tantos sinais da Vossa Providência,
e onde Vos revelastes como Deus de Amor.
Salam! Salam! Salam!
Amém!

Salve, ó Mãe Santa!

"Salve, ó Mãe Santa!"
Virgem Filha de Sião,
quanto deve sofrer por causa deste sangue
o vosso coração de Mãe!
O Menino, que estreitais ao peito,
traz um nome querido aos povos de religião bíblica:
"Jesus" que significa "Deus salva".
Assim o chamou o arcanjo
antes de ser concebido no vosso seio.
No rosto do Messias recém-nascido
reconhecemos a face de cada um dos vossos filhos
vilipendiados e explorados;
reconhecemos especialmente o rosto das crianças,
seja qual for a raça, nação ou cultura a que pertençam.
Ó Mãe, que a verdade da afirmação
"Não há paz sem justiça, não há justiça sem perdão"
se imprima nos corações de todos.
A família humana poderá obter, assim,
aquela paz verdadeira,
que brota do encontro entre a justiça e a misericórdia.
Mãe santa e Mãe do Príncipe da paz,
ajudai-nos!
Mãe da humanidade e Rainha da paz,
rogai por nós!
Amém.

Oração para viver no serviço

Maria,
humilde serva do Altíssimo,
o Filho que gerastes tornou-vos serva da humanidade.
A vossa vida foi serviço humilde e generoso:
Fostes serva da Palavra quando o anjo
anunciou o projeto divino da salvação.
Fostes serva do Filho, dando-lhe a vida
e permanecendo aberta ao Seu mistério.
Fostes serva da Redenção,
estando corajosamente aos pés da cruz,
ao lado do Servo e Cordeiro sofredor,
que se imolava por nosso amor.
Fostes serva da Igreja no dia de Pentecostes
e com a vossa intercessão
continuais a gerá-la em cada crente,
também nestes nossos tempos difíceis.
A vós, jovem filha de Israel,
que conhecestes a inquietação do coração juvenil
diante da proposta do Eterno,
olhai com confiança os jovens.
Tornai-os capazes de acolher o convite de vosso Filho
a fazer da vida um dom total para a glória de Deus.
Fazei-os compreender que servir a Deus sacia o coração,
e que só no serviço de Deus e do Seu reino
se tornam realizados, segundo o divino projeto,
e a vida se transforma num hino
de glória à Santíssima Trindade.
Amém.

Oração pelos migrantes

Possa a nossa Mãe, Maria Santíssima,
que também experimentou a rejeição
no momento específico em que estava prestes
a dar o seu Filho ao mundo,
ajudar a Igreja a ser o sinal e o instrumento
da unidade das culturas
e das nações numa única família.
Que ela nos ajude
a testemunhar com a nossa vida
a Encarnação e a presença constante de Cristo,
que, por meio de nós,
deseja continuar na história e no mundo
a Sua obra de libertação
de todas as formas de discriminação,
de rejeição e de marginalização.
Que as abundantes bênçãos de Deus
sejam derramadas sobre aqueles
que recebem o estrangeiro em nome de Cristo.
Amém.

Oração pelos enfermos

Confiamos todos os doentes
à Virgem Imaculada,
Nossa Senhora de Guadalupe,
Padroeira das Américas e Saúde dos Enfermos.
Que ela acolha o clamor
que sobe do mundo do sofrimento,
enxugue as lágrimas de quem vive na dor,
esteja junto de quantos vivem a doença na solidão,
e, com a sua intercessão materna,
ajude os que trabalham no âmbito da saúde
a tornar-se testemunhas credíveis do amor de Cristo.
A cada um, envio a minha bênção afetuosa!
Amém.

A força da Eucaristia

Senhor Jesus,
que nos sinais humildes do pão e do vinho
transubstanciados no Vosso Corpo e Sangue,
caminhais conosco, como nossa força no caminho,
tornai-nos testemunhas de esperança para todos.
Se a razão experimenta os seus limites
diante deste mistério,
o coração iluminado pela graça do Espírito Santo
intui bem como comportar-se,
mergulhando na adoração e num amor sem limites.
Façamos nossos os sentimentos de santo Tomás de Aquino,
máximo teólogo e, ao mesmo tempo,
cantor apaixonado de Jesus eucarístico,
e deixemos que o nosso espírito se abra também
na esperança à contemplação da meta
pela qual suspira o coração,
sedento como é de alegria e de paz:

"Bom Pastor, pão da verdade,
Tende de nós piedade,
Conservai-nos na unidade,
Extingui nossa orfandade
E conduzi-nos ao Pai.
Aos mortais dando comida
Dais também o pão da vida:
Que a família assim nutrida
Seja um dia reunida
Aos convivas lá do Céu."
Amém.

OST·PAVLVS·V·BVRGHESIVS·ROMANVS·PONT·MAX·AN·MDCXII·PONT VII

Oração pela Europa

Maria, Mãe da esperança,
caminhai conosco!
Aurora do mundo novo,
velai pela Igreja na Europa:
que ela seja transparência do Evangelho;
seja autêntico espaço de comunhão;
viva a sua missão de anunciar,
celebrar e servir o Evangelho da esperança
para a paz e a alegria de todos.
Rainha da paz, protegei a humanidade!
Velai por todos os cristãos:
que eles prossigam cheios de confiança
no caminho da unidade,
como fermento para a concórdia do continente.
Velai pelos jovens, esperança do futuro:
que eles respondam generosamente
ao chamado de Jesus.
Velai pelos responsáveis das nações:
que eles se empenhem na construção
de uma casa comum,
onde sejam respeitados a dignidade
e o direito de cada um.
Maria, dai-nos Jesus!
Fazei que O sigamos e amemos!
Ele é a esperança da Igreja,
da Europa e da humanidade.
Amém.

Oração no final do Rosário

Recitada em Lourdes - França em 14 de agosto[81]

Ave Maria,
mulher pobre e humilde, abençoada do Altíssimo!
Virgem da esperança, profecia dos novos tempos,
nós nos associamos ao vosso hino de louvor
para celebrar as misericórdias do Senhor,
para anunciar a vinda do Reino
e a libertação integral da humanidade.
Ave Maria,
humilde serva do Senhor, gloriosa Mãe de Cristo!
Virgem fiel, santa morada do Verbo,
ensinai-nos a perseverar na escuta da Palavra,
a ser dóceis à voz do Espírito,
atentos aos Seus apelos,
na intimidade da nossa consciência,
e às Suas manifestações nos acontecimentos da história.
Ave Maria,
mulher da dor, Mãe dos viventes!
Virgem esposa junto da cruz, nova Eva,
sede nossa guia pelos caminhos do mundo,
ensinai-nos a permanecer convosco,
junto das numerosas cruzes
nas quais vosso Filho ainda é crucificado.
Ave Maria,
mulher de fé, primeira entre os discípulos!
Ensinai-nos a construir o mundo
a partir do interior: na profundidade
do silêncio e da oração, na alegria do amor fraterno,
na fecundidade insubstituível da cruz.
Amém.

Mãe do sofrimento e da esperança

Maria, Virgem Imaculada,
mulher do sofrimento e da esperança,
sede bondosa com todas as pessoas
que sofrem, e obtende para cada uma
a plenitude da vida.
Dirigi o vosso olhar materno
sobretudo para quantos na África
vivem na necessidade extrema
ou são atingidos por alguma doença mortal.
Velai pelas mães
que choram os seus filhos;
velai pelos avós
privados dos recursos suficientes
para sustentar os netos que ficaram órfãos.
Estreitai todos ao vosso coração de Mãe.
Rainha da África e do mundo inteiro,
Virgem Santíssima,
rogai por nós!
Amém.

Oração pela vitória sobre o mal

Vencer o mal com as armas do amor
torna-se o modo com o qual
todos podem contribuir para a paz de todos.
Esta é a vereda pela qual são chamados a caminhar
os cristãos e os fiéis das diversas religiões,
juntamente com quantos
se reconhecem na lei moral universal.
Nossa missão conjunta é promover a paz na terra!
Que a Virgem Maria nos ajude
a realizar as palavras do Senhor:
"Felizes os pacificadores,
porque serão chamados filhos de Deus."[84]
Louvado seja Jesus Cristo!
Amém.

Oração diante da morte

Somos testemunhas
do amor que vem de Deus
e que constitui o fundamento da unidade da Igreja.
Conforta-nos a esperança
de que um dia contemplaremos face a face
o "Senhor da paz",
que tanto amamos e servimos durante a vida.
Que Deus misericordioso
nos acolha no Seu Reino de paz.
Que a Virgem Imaculada
nos acompanhe naquele momento
de receber o prêmio prometido
aos servos bons e fiéis do Evangelho.
Amém!

Ficai conosco, Senhor!

Ficai conosco, Senhor![87]
Ficai conosco, Palavra viva do Pai,
e ensinai-nos palavras e gestos de paz:
paz para a terra consagrada pelo Vosso Sangue
e encharcada com o sangue de tantas vítimas inocentes;
paz para os países do Médio Oriente e da África,
onde continua a ser derramado muito sangue;
paz para toda a humanidade, sobre a qual sempre paira
o perigo de guerras fratricidas.
Ficai conosco, Pão de vida eterna,
partido e distribuído entre os comensais:
dai-nos também a força de uma solidariedade generosa
para com as multidões que, ainda hoje,
sofrem e morrem de miséria e fome,
dizimadas por epidemias letais
ou prostradas por desastrosas catástrofes naturais.
Em virtude da Vossa ressurreição
possam elas também participar de uma vida nova.
Também nós, homens e mulheres do terceiro milênio,
necessitamos de Vós, Senhor ressuscitado!
Ficai conosco agora e até o fim dos tempos.
Fazei que o progresso material dos povos
jamais ofusque os valores espirituais
que são a alma da sua civilização.
Amparai-nos, Vos suplicamos, em nosso caminho.
Nós cremos em Vós, em Vós esperamos,
pois só Vós tendes palavras de vida eterna.[88]
Ficai conosco, Senhor!
Aleluia!

Notas

[1] Fonte das informações: http://www.vatican.va/news_services/press/documentazione/documents/santopadre_biografie/giovanni_paolo_ii_biografia_breve_it.html

[2] http://www.vatican.va/holy_father/john_paul_ii/homilies/1978/documents/hf_jp-ii_hom_19781231_chiesa-gesu_po.html

[3] http://www.vatican.va/holy_father/john_paul_ii/homilies/1979/documents/hf_jp-ii_hom_19790101_madre-di-dio_po.html

[4] http://www.vatican.va/holy_father/john_paul_ii/messages/vocations/documents/hf_jp-ii_mes_06011979_world-day-for-vocations_po.html

[5] http://www.vatican.va/holy_father/john_paul_ii/speeches/1979/january/documents/hf_jp-ii_spe_19790125_preghiera-guadalupe_po.html

[6] http://www.vatican.va/edocs/POR0061/__PN.HTM

[7] http://www.vatican.va/holy_father/john_paul_ii/apost_exhortations/documents/hf_jp-ii_exh_16101979_catechesi-tradendae_po.html

[8] Conforme dizia Santo Agostinho.

[9] http://www.vatican.va/edocs/POR0066/__PH.HTM

[10] Evangelho de Mateus 5,7

[11] http://www.vatican.va/holy_father/john_paul_ii/speeches/1979/september/documents/hf_jp-ii_spe_19790908_loreto-cimitero_sp.html

[12] http://www.vatican.va/holy_father/john_paul_ii/speeches/1980/july/documents/hf_jp-ii_spe_19800702_corcovado-brasile_po.html

[13] http://www.vatican.va/holy_father/john_paul_ii/speeches/1980/july/documents/hf_jp-ii_spe_19800704_aparecida-brasile_po.html

[14] http://www.vatican.va/edocs/POR0068/__PS.HTM

[15] http://www.vatican.va/holy_father/john_paul_ii/apost_exhortations/documents/hf_jp-ii_exh_19811122_familiaris-consortio_po.html#fnref183

[16] http://www.vatican.va/holy_father/john_paul_ii/homilies/1982/documents/hf_jp-ii_hom_19820101_giornata-pace_po.html

[17] Cf. Evangelho de Lucas 2,51.

[18] http://www.vatican.va/holy_father/john_paul_ii/speeches/1983/august/documents/hf_jp-ii_spe_19830814_preghiera-massabielle_it.html

[19] http://www.vatican.va/holy_father/john_paul_ii/apost_letters/documents/hf_jp-ii_apl_11021984_salvifici-doloris_po.html

[20] http://www.vatican.va/holy_father/john_paul_ii/homilies/1985/documents/hf_jp-ii_hom_19850101_xviii-giornata-pace_it.html

[21] http://www.vatican.va/edocs/POR0065/_INDEX.HTM

[22] http://www.vatican.va/holy_father/john_paul_ii/homilies/1986/documents/hf_jp-ii_hom_19861005_paray-le-monial-francia_it.html

[23] http://www.vatican.va/holy_father/john_paul_ii/homilies/1991/documents/hf_jp-ii_hom_19910101_messa-capodanno_it.html

[24] Livro de Números 6,26.
[25] http://www.vatican.va/edocs/POR0070/_INDEX.HTM
[26] Evangelho de João 2,3.
[27] EvangelhodeLucas1,52-53.
[28] http://www.vatican.va/holy_father/john_paul_ii/homilies/1988/documents/hf_jp-ii_hom_19880101_xxi-giornata-pace_it.html
[29] http://www.vatican.va/holy_father/john_paul_ii/apost_exhortations/documents/hf_jp-ii_exh_30121988_christifideles-laici_po.html
[30] http://www.vatican.va/holy_father/john_paul_ii/apost_exhortations/documents/hf_jp-ii_exh_15081989_redemptoris-custos_po.html
[31] http://www.vatican.va/edocs/POR0071/_INDEX.HTM
[32] http://www.vatican.va/edocs/POR0067/_INDEX.HTM
[33] Cf. Carta aos Hebreus 13,8.
[34] http://www.vatican.va/holy_father/john_paul_ii/speeches/1991/may/documents/hf_jp-ii_spe_19910513_atto-affidamento-fatima_po.html
[35] http://www.vatican.va/holy_father/john_paul_ii/speeches/1991/october/documents/hf_jp-ii_spe_19911019_atto-affidamento_po.html
[36] http://www.vatican.va/holy_father/john_paul_ii/speeches/1991/october/documents/hf_jp-ii_spe_19911015_brasile-comunita-ebraica_po.html
[37] Livro do Profeta Ezequiel 34,13.
[38] http://www.vatican.va/holy_father/john_paul_ii/speeches/1991/october/documents/hf_jp-ii_spe_19911018_ecumenico_po.html
[39] Cf. Atos dos Apóstolos 1,14.
[40] Cf. Evangelho de João 17,23.
[41] http://www.vatican.va/holy_father/john_paul_ii/apost_exhortations/documents/hf_jp-ii_exh_25031992_pastores-dabo-vobis_po.html
[42] http://www.vatican.va/edocs/POR0072/_INDEX.HTM
[43] Carta aos Efésios 2,4.

[44] Cf. Carta aos Efésios 2,10.
[45] Cf. Carta aos Efésios 1,12.
[46] http://www.vatican.va/holy_father/john_paul_ii/speeches/1994/december/documents/hf_jp-ii_spe_19941210_preghiera-loreto_it.html
[47] Lc 2,14.
[48] http://www.vatican.va/edocs/POR0069/_INDEX.HTM
[49] http://www.vatican.va/holy_father/john_paul_ii/apost_exhortations/documents/hf_jp-ii_exh_14091995_ecclesia-in-africa_po.html
[50] http://www.vatican.va/edocs/POR0062/__P11.HTM
[51] http://www.vatican.va/holy_father/john_paul_ii/apost_exhortations/documents/hf_jp-ii_exh_25031996_vita-consecrata_po.html
[52] http://www.vatican.va/holy_father/john_paul_ii/homilies/1997/documents/hf_jp-ii_hom_19970101_po.html
[53] Livro dos Números 6,24-26.
[54] Carta aos Hebreus 2,14.
[55] http://www.vatican.va/holy_father/john_paul_ii/homilies/1997/documents/hf_jp-ii_hom_19970823_youth-paris-forum_po.html
[56] Cf. Jo 3,16.
[57] http://www.vatican.va/holy_father/john_paul_ii/messages/vocations/documents/hf_jp-ii_mes_24091997_xxxv-voc-1998_po.html
[58] http://www.vatican.va/holy_father/john_paul_ii/homilies/1997/documents/hf_jp-ii_hom_19971004_po.html
[59] http://www.vatican.va/holy_father/john_paul_ii/speeches/1997/october/documents/hf_jp-ii_spe_19971004_incontro-famiglie_po.html
[60] Cf. Carta às Famílias, 23.
[61] Cf.2ªCoríntios1,2.
[62] http://www.vatican.va/edocs/POR0064/__PI.HTM
[63] http://www.vatican.va/holy_father/john_paul_ii/apost_exhortations/documents/hf_jp-ii_exh_22011999_ecclesia-in-america_po.html

[64] http://www.vatican.va/holy_father/john_paul_ii/apost_exhortations/documents/hf_jp-ii_exh_06111999_ecclesia-in-asia_po.html

[65] http://www.vatican.va/holy_father/john_paul_ii/letters/documents/hf_jp-ii_let_01101999_elderly_po.html

[66] http://www.vatican.va/holy_father/john_paul_ii/messages/vocations/documents/hf_jp-ii_mes_30091999_xxxvii-voc-2000_po.html

[67] Evangelho de João 1,9.

[68] http://www.vatican.va/holy_father/john_paul_ii/travels/documents/hf_jp-ii_spe_20000326_jerusalem-prayer_po.html

[69] http://www.vatican.va/holy_father/john_paul_ii/messages/documents/hf_jp-ii_mes_20000630_jubilprisoners_po.html

[70] http://www.vatican.va/holy_father/john_paul_ii/homilies/2001/documents/hf_jp-ii_hom_20010101_peace_po.html

[71] Liturgia das Horas.

[72] http://www.vatican.va/holy_father/john_paul_ii/apost_exhortations/documents/hf_jp-ii_exh_20011122_ecclesia-in-oceania_po.html

[73] http://www.vatican.va/holy_father/john_paul_ii/speeches/2001/documents/hf_jp-ii_spe_20010507_prayer-peace_po.html

[74] Evangelho de Mateus 5,9.

[75] http://www.vatican.va/holy_father/john_paul_ii/homilies/2002/documents/hf_jp-ii_hom_20020101_madre-di-dio_po.html

[76] http://www.vatican.va/holy_father/john_paul_ii/messages/vocations/documents/hf_jp-ii_mes_20021118_xl-voc-2003_po.html

[77] http://www.vatican.va/holy_father/john_paul_ii/messages/migration/documents/hf_jp-ii_mes_20021202_world-migration-day-2003_po.html

[78] http://www.vatican.va/holy_father/john_paul_ii/messages/sick/documents/hf_jp-ii_mes_20030207_world-day-of-the-sick-2003_po.html

[79] http://www.vatican.va/edocs/POR0245/__P9.HTM

[80] http://www.vatican.va/holy_father/john_paul_ii/apost_exhortations/documents/hf_jp-ii_exh_20030628_ecclesia-in-europa_po.html

[81] http://www.vatican.va/holy_father/john_paul_ii/speeches/2004/august/documents/hf_jp-ii_spe_20040814_rosary-lourdes_po.html

[82] http://www.vatican.va/holy_father/john_paul_ii/messages/sick/documents/hf_jp-ii_mes_20040929_world-day-of-the-sick-2005_po.html

[83] http://www.vatican.va/holy_father/john_paul_ii/homilies/2005/documents/hf_jp-ii_hom_20050101_world-day-peace_po.html

[84] Evangelho de Mateus 5,9.

[85] http://www.vatican.va/holy_father/john_paul_ii/homilies/2005/documents/hf_jp-ii_hom_20050114_esequie-schotte_po.html

[86] http://www.vatican.va/holy_father/john_paul_ii/messages/urbi/documents/hf_jp-ii_mes_20050327_easter-urbi_po.html

[87] Cf. Evangelho de Lucas 24,29.

[88] Cf. Evangelho de João 6,68.

Créditos das imagens de capa: © Origlia Franco/Corbis Sygma/Corbis (DC)/Latinstock; © Blaine Harrington III/Corbis/Corbis (DC)/Latinstock

Créditos das imagens de miolo, na ordem em que aparecem: © Gianni Giansanti/Sygma/Corbis/Corbis (DC)/Latinstock; © Bernard Bisson/Sygma/Corbis/Corbis (DC)/Latinstock; © Bettmann/Corbis/Corbis (DC)/Latinstock; © Vittoriano Rastelli/CORBIS/Corbis (DC)/Latinstock; © Toronto Star/Corbis/Corbis (DC)/Latinstock; © Vittoriano Rastelli/Corbis/Corbis (DC)/Latinstock; © Bettmann/Corbis/Corbis (DC)/Latinstock; © Gianni Giansanti/Sygma/Corbis/Corbis (DC)/Latinstock; © Bettmann/Corbis/Corbis (DC)/Latinstock; © Bettmann/Corbis/Corbis (DC)/Latinstock; © Alberto Pizzoli/Sygma/Corbis/Corbis (DC)/Latinstock; © Corbis (RF)/ Latinstock; © CDM - Santuário Nacional; © Bettmann/Corbis/Corbis (DC)/Latinstock; © Sygma/Corbis/Corbis (DC)/Latinstock; © Gianni Giansanti/Sygma/Corbis/Corbis (DC)/Latinstock; © Gianni Giansanti/Sygma/Corbis/Corbis (DC)/Latinstock; © Corbis Sygma/Corbis (DC)/Latinstock; © Bettmann/Corbis/Corbis (DC)/Latinstock; © Gianni Giansanti/Sygma/Corbis/Corbis (DC)/Latinstock; © Gianni Giansanti/Sygma/Corbis/Corbis (DC)/Latinstock; © Genaro Molina/Zuma/Corbis/Corbis (DC)/Latinstock; © Bernard Bisson/Sygma/Corbis/Corbis (DC)/Latinstock; © San Antonio Express-News/Corbis/Corbis (DC)/Latinstock; © Thierry Orban/Corbis Sygma/Corbis (DC)/Latinstock; © Bernard Bisson/Sygma/Corbis/Corbis (DC)/Latinstock; © Bernard Bisson/Sygma/Corbis/Corbis (DC)/Latinstock; © Georges de Keerle/Sygma/Corbis/Corbis (DC)/Latinstock; © Alberto Pizzoli/Sygma/Corbis/Corbis (DC)/Latinstock; © João Carlos Almeida; © Fabian Cevallos/Corbis Sygma/Corbis (DC)/Latinstock; © Ralf-Finn Hestoft/Corbis/Corbis (DC)/Latinstock; © Gianni Giansanti/Sygma/Corbis/Corbis (DC)/Latinstock; © Origlia Franco/Corbis Sygma/Corbis (DC)/Latinstock; © Corbis Sygma/Corbis (DC)/Latinstock; © Corbis Sygma/Corbis (DC)/Latinstock; © Selwyn Tait/Sygma/Corbis/Corbis (DC)/Latinstock; © Gianni Giansanti/Sygma/Corbis/Corbis (DC)/Latinstock; © Gianni Giansanti/Sygma/Corbis/Corbis (DC)/Latinstock; © Origlia Franco/Corbis Sygma/Corbis (DC)/Latinstock; © Gianni Giansanti/Sygma/Corbis/Corbis (DC)/Latinstock; © Le Segretain/Corbis Sygma/Corbis (DC)/Latinstock; © Maher Attar/Sygma/Corbis/Corbis (DC)/Latinstock; © Franco Origlia/Sygma/Corbis/Corbis (DC)/Latinstock; © CORBIS SYGMA/Corbis (DC)/Latinstock; © Gianni Giansanti/Sygma/Corbis/Corbis (DC)/Latinstock; © Kapoor Baldev/Sygma/Corbis/Corbis (DC)/Latinstock; © Gianni Giansanti/Sygma/Corbis/Corbis (DC)/Latinstock; © Vatican Pool/Corbis Sygma/Corbis (DC)/Latinstock; © Gianni Giansanti/Sygma/Corbis/Corbis (DC)/Latinstock; © Corbis Sygma/Corbis (DC)/Latinstock; © Vatican Pool/Corbis Sygma/Corbis (DC)/Latinstock; © Alberto Pizzoli/Sygma/Corbis/Corbis (DC)/Latinstock; © Gianni Giansanti/Sygma/Corbis/Corbis (DC)/Latinstock; © Gianni Giansanti/Sygma/Corbis/Corbis (DC)/Latinstock; © Gianni Giansanti/Corbis/Corbis (DC)/Latinstock; © Peter Power/Zuma/Corbis/Corbis (DC)/Latinstock; © Gianni Giansanti/Corbis/Corbis (DC)/Latinstock; © Gianni Giansanti/Immaginazione/Corbis/Corbis (DC)/Latinstock; © Gianni Giansanti/Immaginazione/Corbis/Corbis (DC)/Latinstock; © Gianni Giansanti/Corbis/Corbis (DC)/Latinstock; © Gianni Giansanti/Corbis/Corbis (DC)/Latinstock; © Gianni Giansanti/Corbis/Corbis (DC)/Latinstock; © Vatican Pool/Corbis/Corbis (DC)/Latinstock; © Max Rossi/Reuters/Latinstock; © Hans Deryk/Toronto Star/Zuma/Corbis/Corbis (DC)/Latinstock

Produção editorial
Ana Carla Sousa
Gabriel Machado

Revisão
Rosana Alencar

Projeto gráfico, diagramação e design de capa
Celina Faria

Este livro foi impresso no Rio de Janeiro, em abril de 2011, pela RR Donnelley, para a Editora Agir. A fonte usada no miolo é Minion Pro, corpo 10,5/12,6. O papel do miolo é magno matte 115g/m².